Chers lecteurs, chers enseignants,
chers documentalistes, chers libraires !

En 2016, nous sautons, avec vous, à pieds joints dans de nouveaux programmes... et nous saisissons au bond cette occasion de **renouveler entièrement notre dispositif d'accompagnement pédagogique**. Librio est la seule collection à mettre à votre disposition des textes conçus pour les programmes sans préface ni notes de lecture : faites-en un atout pour habituer vos élèves à lire sans béquille, sans parasitage, pour le plaisir : (re)donnez-leur **le goût de la lecture**.

Pour rendre possible cette **prise en main autonome des textes**, découvrez notre accompagnement pédagogique sur mesure : **« lire sans les notes »**. En deux séances, en vous appuyant sur les fiches disponibles dans les livres, vous pouvez balayer avec eux toutes les difficultés de compréhension éventuelles, pour laisser ensuite place au travail sur le texte.

Notre atout : un **catalogue très large**, l'un des plus diversifiés, qui vous propose un choix éclectique de textes classiques ou inédits, incontournables ou pépites moins connues, dans un parcours ouvert et curieux à travers les littératures.

Et bien sûr, nous sommes heureux de vous présenter ce catalogue riche de nombreuses lignes qui vous accompagnent dans tous les domaines de la culture générale : **sciences, histoire, philosophie, langues vivantes,** mais aussi des **essais, de l'humour** et des **guides pratiques**. Il y en a pour toutes les curiosités !

Bonne lecture !

Fleur d'Harcourt

Pour une sélection de livres, signalés par ★

À découvrir dans nos dossiers Librio + :

Dans le livre, un support pour les élèves en 3 parties.

• **« lire sans notes »**
– 1 fiche vocabulaire pour baliser les mots clefs du texte (compenser l'absence de notes).
– 1 questionnaire de lecture pour vérifier que le texte est bien compris.
• **« en pratique »**
– 1 texte à préparer comme dictée (mots de vocabulaire, grammaire).
– 1 texte à préparer en lecture à voix haute (= faire repérer les articulations dans un discours, les changements de tonalité, les émotions…
– 1 exercice de réécriture (temps verbaux, ponctuation).
– au moins 2 sujets de rédaction
• **« pour aller plus loin »**
– un questionnaire sur deux œuvres d'art *ou*
– des sujets d'exposé.

Pour vous, sur le site www.librio.net et dans le guide enseignant :

• une courte note sur l'**intérêt** du texte au regard de l'objet d'étude ;
• une **séquence complète** en 10 séances pour organiser l'étude du texte avec les élèves, en s'appuyant sur les fiches disponibles dans le livre ;
• **2 séances intégralement rédigées :**
– Séance « lire sans les notes » développée, qui s'appuie sur le vocabulaire & le questionnaire de lecture ;
– Séance complémentaire développée : histoire de l'art *ou* exposé/débat, qui s'appuie sur la proposition « pour aller plus loin ».

Librio

LES NOUVEAUX PROGRAMMES EN BREF

6e / 4 entrées

Le monstre, aux limites de l'humain	**Récits d'aventures**	**Récits de création ; création poétique**	**Résister au plus fort : ruses, mensonges et masques**

5e-3e / 5 entrées communes à tous les niveaux

qui font chacune l'objet d'un questionnement spécifique par année

5e

1. Le voyage et l'aventure : pourquoi aller vers l'inconnu ?	**2. Avec autrui : familles, amis, réseaux**	**3. Imaginer des univers nouveaux**	**4. Héros / héroïnes et héroïsmes**	**5. • L'être humain est-il maître de la nature ? • Questionnement libre**

4e

1. Dire l'amour	**2. Individu et société : confrontations de valeurs ?**	**3. La fiction pour interroger le réel**	**4. Informer, s'informer, déformer ?**	**5. • La ville, lieu de tous les possibles ? • Questionnement libre**

3e

1. Se raconter, se représenter	**2. Dénoncer les travers de la société**	**3. Visions poétiques du monde**	**4. Agir dans la cité : individu et pouvoir**	**5. • Progrès et rêves scientifiques • Questionnement libre**

1. Se chercher, se construire
2. Vivre en société, participer à la société
3. Regarder le monde, inventer des mondes
4. Agir sur le monde
5. Questionnements complémentaires (un au moins par année, au choix)

▸ Littérature

6e | 5e | 4e | 3e

classés par objets d'étude

Littérature 6e ► Le monstre, aux limites de l'humain

LE MONSTRE, AUX LIMITES DE L'HUMAIN

ANDERSEN H. C.
La Petite Sirène et autres contes
9782290342763
n° 682 – 2 €

La Reine des neiges et autres contes
9782290080467
n° 1089 – 2 €

CARROLL L.
Alice au pays des merveilles
9782290106402
n° 389 – 2 € ★

COLLECTIF
Dracula et autres histoires de vampires
9782290099124
n° 160 – 2 €

GRIMM J.
Contes de Grimm
9782290112465
n° 248 – 2 € ★

HOMÈRE
L'Odyssée
9782290335383
n° 300 – 2 €

PERRAULT C.
Les Contes de ma mère l'Oye
9782290078457
n° 32 – 2 € ★

SADOUL B.
Fées, sorcières, diablesses
9782290099117
n° 544 – 2 €

ANTHOLOGIE
N **Figures de monstres**
9782290120798
n° 1180 – 3 € ★

LE RÉCIT D'AVENTURE

ANONYME
NE **Les Mille et Une Nuits – Sindbad le marin**
9782290129517
n° 147 – 2 € ★

Les Mille et Une Nuits – Aladdin ou la Lampe merveilleuse
9782290345764
n° 191 – 2 €

NE **Les Mille et Une Nuits – Ali Baba et les quarante voleurs**
9782290130278
n° 298 – 2 €

VERNE J.
NE **Les Forceurs de blocus**
9782290129494
n° 66 – 2 € ★

Le Tour du monde en 80 jours
9782290068854
n° 1059 – 2 €

Les Indes noires
9782290339091
n° 227 – 2 €

Les Révoltés de la Bounty
9782290058480
n° 1054 – 2 €

Une ville flottante
9782290347997
n° 346 – 2 €

Le Château des Carpathes
9782290108888
n° 171 – 2 €

RÉCIT DE CRÉATION ET CRÉATION POÉTIQUE

ANONYME
Le Coran
9782290329290
n° 590 – 3 €

ANONYME
Gilgamesh
9782290008638
n° 868 – 2 €

ANONYME
La Genèse
9782290342435
n° 90 – 3 €

ÉRACLE J.
Enseignements du Bouddha
9782290059029
n° 667 – 3 €

Littérature 6e ▸ Résister au plus fort : ruses, mensonges et masques

HOMÈRE
L'Iliade
9782290351321
n° 587 – 2 €

HUGO V.
La Légende des siècles
9782290334713
n° 341 – 2 €

LAO TSEU
Tao-Te-King
9782290059012
n° 733 – 3 €

VORAGINE (DE) J.
La Légende dorée
9782290053997
n° 668 – 3 €

ANTHOLOGIE
Au commencement... Récits de création et création poétique
978229012078
n° 1181 – 3 € ★

ANONYME
La Farce de Maître Pathelin
9782290342152
n° 580 – 2 €

LA FONTAINE (DE) J.
Fables choisies
9782290089088
n° 131 – 2 €

MOLIÈRE
George Dandin
9782290110300
n° 1071 – 2 €

ANONYME
Tristan et Iseut
9782290340837
n° 357 – 2 €

RÉSISTER AU PLUS FORT : RUSES, MENSONGES ET MASQUES

ANONYME
Le Roman de Renart
9782290125373
n° 576 – 2 € ★

Découvrez dans nos nouvelles éditions de Molière un **dossier pédagogique exclusif et inédit** : ***la scène à jouer***

- Une scène emblématique de l'œuvre, décortiquée, **expliquée et commentée ligne à ligne** pour que les élèves s'approprient le texte de Molière.

- Une introduction « Molière aujourd'hui » qui rapproche les textes de figures et de situations contemporaines pour proposer des **clés de lectures plus immédiates**, adaptées aux élèves.

Ces dossiers exclusifs sont préparés par Guillaume Poix, comédien, dramaturge, formé à l'École nationale des arts et techniques du théâtre (ENSATT) et au Cours Florent.

Ils sont disponibles à la fin de chacune de ces éditions et peuvent être téléchargés sur le site enseignant ***www.librio.net***

Alors, pour prolonger l'étude en classe du texte de Molière et passer de « la table » au « plateau » : à vous de jouer !

Molière aujourd'hui : des résonnances contemporaines

Dom Juan,
le blasphème
et Charlie Hebdo
9782290110355
n° 14 – 2 €

Le Tartuffe,
le film *Timbuktu*,
l'hypocrisie
et les règles
9782290110362
n° 476 – 2 €

Le Bourgeois
gentilhomme,
***En finir avec Eddy Bellegueule*, les codes et l'intégration dans la société**
9782290106419
n° 235 – 2 €

L'École
des femmes,
Boko Aram
et l'émancipation
des femmes
9782290109069
n° 277 – 2 €

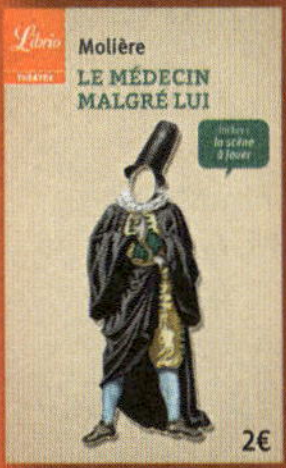

Le Médecin
malgré lui,
L'Arroseur arrosé
et la libre
détermination
de soi
9782290109076
n° 598 – 2 €

Les Femmes
savantes,
le sexisme
à tout âge
9782290110324
n° 585 – 2 €

George Dandin,
moquerie,
ségrégation sociale
et harcèlement
9782290110300
n° 1071 – 2 €

Les Fourberies
de Scapin,
Charlie Chaplin,
Charlot :
la comédie comme
mode de vie
9782290108840
n° 181 – 2 €

Les Précieuses
ridicules,
les Femen, le corps
des femmes,
les femmes comme
corps social
9782290110348
n° 776 – 2 €

Le Misanthrope,
les lanceurs d'alerte,
l'exigence
et le compromis
9782290110331
n° 647 – 2 €

Le Malade
imaginaire,
Woody Allen
et les
hypocondriaques
9782290108864
n° 536 – 2 €

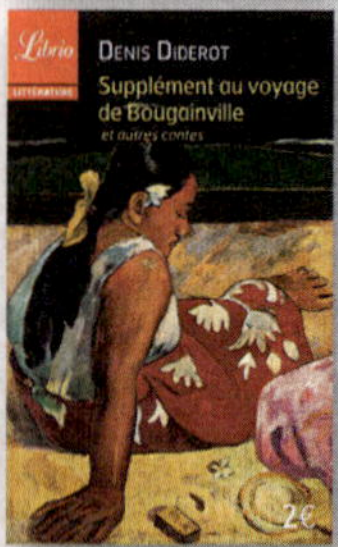

LE VOYAGE ET L'AVENTURE

DIDEROT D.
Supplément au voyage de Bougainville
9782290082805
n° 826 – 2 €

KIPLING R.
L'Homme qui voulut être roi
9782290058503
n° 1057 – 2 €

LONDON J.
Le Silence blanc et autres nouvelles
9782290082782
n° 856 – 2 €

MONTESQUIEU
Lettres persanes
9782290110294
n° 838 – 2 €

POLO M.
Le Livre des merveilles du monde
9782290348437
n° 727 – 2 €

VERNE J.
Un hivernage dans les glaces
9782290120927
n° 1182 – 2 € ★

AVEC AUTRUI : FAMILLES, AMIS, RÉSEAUX

COLLECTIF
Enfances, adolescences
9782290101667
n° 1131 – 3 € ★

COMTESSE DE SÉGUR
Les Malheurs de Sophie
9782290348574
n° 410 – 2 €

MOLIÈRE
NE **L'Amour médecin** suivi du **Sicilien ou l'Amour peintre**
9782290078501
n° 1106 – 2 € ★

RENARD J.
Poil de carotte
9782290118672
n° 25 – 2 €

TOLSTOÏ L.
Enfance
9782290339718
n° 628 – 2 €

IMAGINER DES UNIVERS NOUVEAUX

BARRIE JAMES M.
Peter Pan
9782290080450
n° 591 – 2 €

BAUM FRANK L.
Le Magicien d'Oz
9782290333273
n° 592 – 2 €

BORDAGE P.
NE **Nuits-Lumière**
9782290115114
n° 564 – 3 €

BRADBURY R.
Celui qui attend
9782290346891
n° 59 – 2 €

CARROLL L.
Alice au pays des merveilles
9782290106402
n° 389 – 2 € ★

CHAMISSO (DE) A.
L'Étrange Histoire de Peter Schlemihl
9782290337479
n° 615 – 2 €

DICKENS C.
Un chant de Noël
9782290058794
n° 146 – 2 €

GAUTIER T.
Le Roman de la momie
9782290082799
n° 81 – 2 €

GRIMM J.
Contes de Grimm
9782290112465
n° 248 – 2 € ★

Littérature 5e ► Héros et héroïsmes

LEPRINCE DE BEAUMONT J.-M.
La Belle et la Bête
9782290080474
n° 1090 – 2 €

MATHESON R.
La Maison enragée
9782290340813
n° 355 – 2 €

MAUPASSANT (DE) G.
Le Horla et autres contes
9782290038536
n° 1 – 2 € ★

MÉRIMÉE P.
La Vénus d'Ille et autres nouvelles
9782290054215
n° 236 – 2 € ★

PERRAULT C.
Les Contes de ma mère l'Oye
9782290078457
n° 32 – 2 € ★

POE E.-A.
Le Chat noir
9782290343494
n° 213 – 2 €

La Chute de la maison Usher
9782290342893
n° 293 – 2 €

Le Scarabée d'or suivi de **La Lettre volée**
9782290352205
n° 93 – 2 €

SADOUL B.
Grand Librio Les Dimensions fantastiques
9782290022207
n° 968 – 7 €

La Dimension fantastique 1
9782290038499
n° 150 – 2 € ★

La Dimension fantastique 2 – De Balzac à Sturgeon, 6 nouvelles
9782290338018
n° 234 – 2 €

La Dimension fantastique 3
9782290334706
n° 271 – 2 €

La Dimension fantastique 4
9782290001080
n° 851 – 2 €

STEVENSON R.-L.
L'Étrange Cas du Dr Jekyll et Mr Hyde
9782290075913
n° 113 – 2 €

STOCKER B.
NE **L'Enterrement des rats**
9782290115138
n° 125 – 3 €

SWIFT J.
Voyage au pays des Houyhnhnms
9782290058916
n° 1063 – 2 €

Le Voyage à Lilliput
9782290343364
n° 378 – 2 €

WILDE O.
Le Fantôme de Canterville
9782290075906
n° 600 – 2 €

HÉROS ET HÉROÏSMES

CHRÉTIEN DE TROYES
Perceval ou le Conte du Graal
9782290078464
n° 1118 – 2 € ★

Yvain ou le Chevalier au lion
9782290078396
n° 1098 – 2 € ★

DOUDET E.
Les Chevaliers de la table ronde
9782290341902
n° 709 – 2 €

GENEVOIX M.
Ceux de 14 – Les Éparges
9782290099087
n° 1130 – 3 € ★

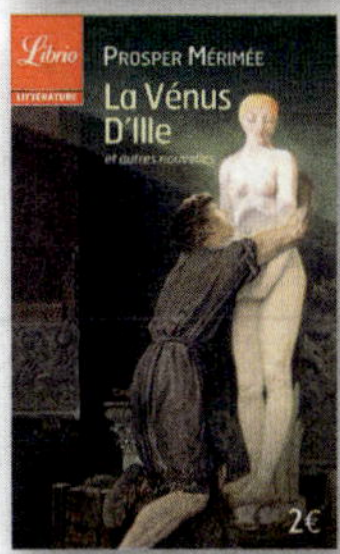

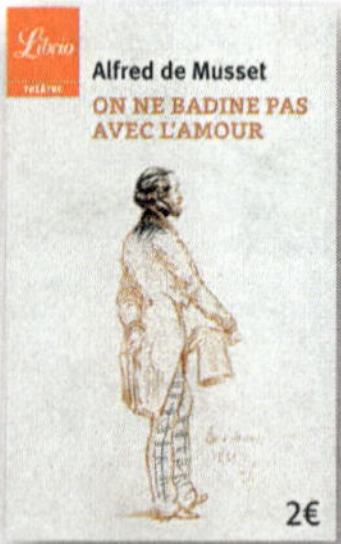

DIRE L'AMOUR

BALZAC (DE) H.
La Vendetta suivi de **La Bourse**
9782290339855
n° 302 – 2 €

CORNEILLE P.
Le Cid
9782290099063
n° 21 – 2 € ★

L'Illusion comique
9782290328194
n° 570 – 2 €

HUGO V.
Ruy Blas
9782290076262
n° 719 – 2 €

Hernani
9782290075654
n° 778 – 2 €

Lucrèce Borgia
9782290335222
n° 517 – 2 €

MARIVAUX
L'Île des esclaves suivi de **La Dispute**
9782290054185
n° 477 – 2 €

NE **Le Jeu de l'amour et du hasard**
9782290125342
n° 604 – 2 € ★

MÉRIMÉE P.
Colomba
9782290075876
n° 167 – 2 €

NE **Mateo Falcone**
9782290054208
n° 98 – 2 €

Carmen
9782290335376
n° 13 – 2 €

MUSSET (DE) A.
Lorenzaccio
9782290306383
n° 775 – 2 €

N **On ne badine pas avec l'amour**
9782290120568
n° 1169 – 2 €

Les Caprices de Marianne
9782290334584
n° 39 – 2 €

Il faut qu'une porte soit ouverte ou fermée
9782290354520
n° 779 – 2 €

À quoi rêvent les jeunes filles?
9782290338063
n° 621 – 2 €

RACINE J.
Bérénice
9782290058602
n° 1072 – 2 € ★

NE **Phèdre**
9782290121498
n° 301 – 2 €

NE **Andromaque**
9782290115107
n° 301 – 2 €

NE **Britannicus**
9782290125366
n° 390 – 2 €

Horace
9782290058619
n° 1073 – 2 € ★

JOST M.-A.
NE **Les Plus Beaux Poèmes d'amour**
9782290125380
n° 695 – 3 €

LA FICTION POUR INTERROGER LE RÉEL

BALZAC (DE) H.
La Femme abandonnée
9782290054277
n° 1058 – 2 €

Le Chef-d'œuvre inconnu
9782290015513
n° 924 – 2 €

La Fille aux yeux d'or
9782290058466
n° 1056 – 2 €

Le Colonel Chabert
9782290335406
n° 28 – 2 €

Ferragus, chef des Dévorants
9782290345771
n° 226 – 2 €

Littérature 4e ▸ Informer, s'informer, déformer ?

BARBEY D'AUREVILLY J.
Le Bonheur dans le crime
9782290339831
n° 196 – 2 €

DAUDET A.
Tartarin de Tarascon
9782290339824
n° 164 – 2 €

Lettres de mon moulin
9782290072554
n° 12 – 2 € ★

DUMAS A.
Gabriel Lambert, le bagnard de l'opéra
9782290064689
n° 1055 – 2 €

FLAUBERT G.
NE **Un cœur simple**
9782290118689
n° 45 – 2 €

SIMON J.
Le Peine de mort
9782290098233
n° 1129 – 3 € ★

HUGO V.
Le Dernier Jour d'un condamné
9782290038512
n° 70 – 2 € ★

Claude Gueux
9782290055533
n° 1039 – 2 € ★

LAMARTINE (DE) A.
Graziella
9782290058732
n° 143 – 2 €

RENARD J.
Le Vigneron dans sa vigne
9782290058558
n° 1060 – 2 €

STENDHAL
Vanina Vanini
et autres nouvelles
9782290058626
n° 1070 – 2 €

ZOLA É.
NE **La Mort d'Olivier Bécaille**
9782290115084
n° 42 – 2 € ★

Naïs Micoulin
suivi de
Pour une nuit d'amour
9782290345726
n° 127 – 2 €

L'Attaque du moulin
9782290108895
n° 182 – 2 €

INFORMER, S'INFORMER, DÉFORMER ?

COLLECTIF
J'accuse de Zola
9782290339121
n° 201 – 3 €

Depuis le tout premier titre de la collection, *Le Horla*, Maupassant est à l'honneur chez Librio. Sensuels, cruels, réalistes ou fantastiques, ses nouvelles et romans offrent un regard tout en retenue sur le XIXe siècle.

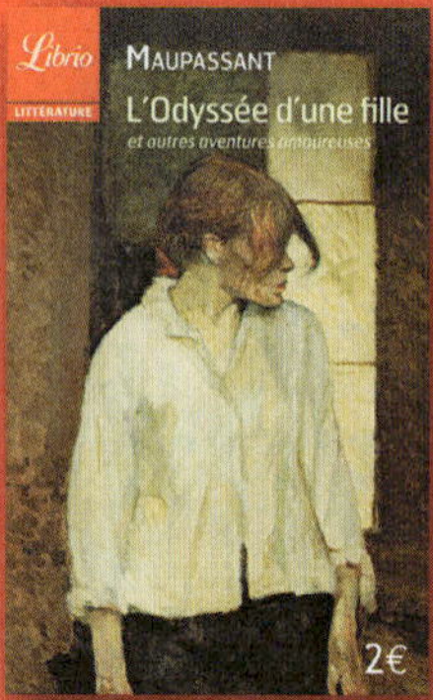

Boule de Suif
et autres nouvelles
9782290054222
n° 27 – 2 € ★

L'Odyssée d'une fille
9782290051757
n° 1029 – 2 €

Contes de la bécasse
9782290088760
n° 1143 – 2 € ★

Le Horla
et autres contes
9782290038536
n° 1 – 2 € ★

Une vie
9782290075869
n° 109 – 2 €

Contes noirs
9782290343739
n° 217 – 2 €

Trois Chroniques scandaleuses
9782290054192
n° 1046 – 2 € ★

Pierre et Jean
9782290099070
n° 151 – 2 €

Une partie de campagne
9782290089750
n° 29 – 2 €

Ⓝ **Bel ami**
9782290130230
n° 1178 – 2 €

Ⓝ **Aux champs**
et autres nouvelles
9782290120774
n° 1179 – 2 € ★

La Parure
9782290078488
n° 1104 – 2 € ★

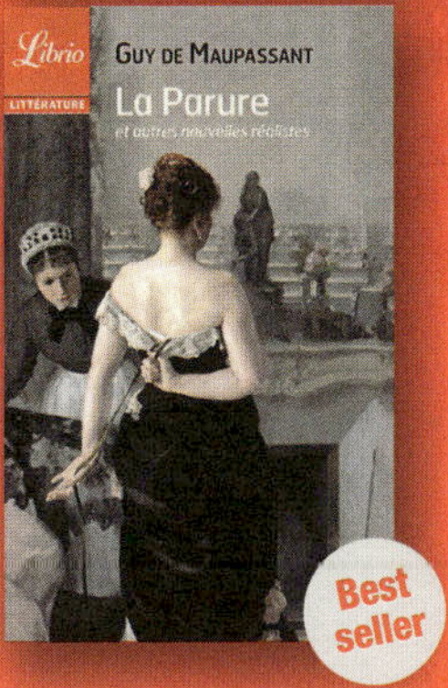

LA VILLE, LIEU DE TOUS LES POSSIBLES

LEBLANC M.
La Vie et les aventures extraordinaires d'Arsène Lupin
9782290055465
n° 1038 – 5 €

Arsène Lupin, 3 histoires énigmatiques
9782290038727
n° 1010 – 2 €

LEROUX G.
Le Fauteuil hanté
9782290058695
n° 126 – 2 €

PICOULY D.
Tête de nègre
9782290345733
n° 209 – 2 €

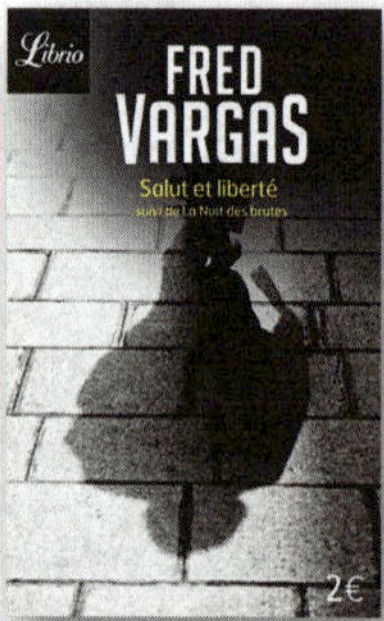

FRED VARGAS
Salut et Liberté suivi de **La Nuit des brutes**
9782290073025
n° 547 – 2 € ★

Étranges, ces lettres anonymes que reçoit Adamsberg… et tout aussi singulière l'assiduité dont fait preuve le vieux Vasco à siéger sur ce banc, en face du commissariat… Pour le commissaire Adamsberg dont le flair nonchalant confine au génie, rien n'est anodin !

BAUDOUIN EDMOND
Le Marchand d'éponges
9782290073056
n° 980 – 5 € ★

Un meurtre vient troubler le quotidien de Pi, clochard et vendeur d'éponges à ses heures. Interrogé comme témoin, il fait la connaissance du célèbre Adamsberg, commissaire aux méthodes déroutantes. La vérité sur l'affaire se dévoile peu à peu, en même temps que se dessine le portrait d'un homme brisé par la vie. Du métro aux rues de Paris, l'originalité graphique d'Edmond Baudoin, entre peinture et bande dessinée, illustre avec un réalisme surprenant les mots de Fred Vargas.

Retrouvez en 10 volumes le meilleur des enquêtes du célèbre détective anglais, dans les éditions les moins chères.

Le Chien des Baskerville
9782290038581
n° 119 – 2 €

Le Diadème de Beryls
9782290340851
n° 202 – 2 €

La Bande mouchetée
9782290339312
n° 5 – 2 €

Les Six Napoléons
9782290334522
n° 84 – 2 €

Le Signe des Quatre
9782290348413
n° 162 – 2 €

Grand Librio 13 enquêtes élémentaires de Sherlock Holmes
9782290016305
n° 912 – 7 €

Les Hommes dansants
9782290334379
n° 283 – 2 €

Un scandale en Bohême
9782290348420
n° 138 – 2 €

Le Problème final
9782290345641
n° 229 – 2 €

Le Rituel des Musgrave
9782290341124
n° 34 – 2 €

Une étude en rouge
9782290339602
n° 69 – 2 €

La Cycliste solitaire
9782290349472
n° 51 – 2 €

SE RACONTER, SE REPRÉSENTER

COLLECTIF
Enfances, adolescences
9782290101667
n° 1131 – 3 € ★

GENEVOIX M.
Ceux de 14 – Les Éparges
9782290099087
n° 1130 – 3 € ★

LA BRUYÈRE
Les Caractères
9782290058473
n° 839 – 2 €

LA ROCHEFOUCAULD
Maximes
9782290058954
n° 1077 – 2 €

RENARD J.
NE **Poil de carotte**
9782290118672
n° 25 – 2 €

Journal
9782290019245
n° 981 – 2 €

SÉVIGNÉ (MADAME DE)
Lettres choisies
9782290078495
n° 1105 – 2 €

TOLSTOÏ L.
Enfance
9782290339718
n° 628 – 2 €

DÉNONCER LES TRAVERS DE LA SOCIÉTÉ

DIDEROT D.
Le Neveu de Rameau
9782290327753
n° 61 – 2 €

FLAUBERT G.
Dictionnaires des idées reçues
9782290011584
n° 175 – 2 €

VOLTAIRE
NE **Candide**
9782290118641
n° 31 – 2 € ★

Jeannot et Colin et autres contes philosophiques
9782290075623
n° 664 – 2 €

NE **Zadig ou la Destinée**
9782290108871
n° 77 – 2 €

L'Ingénu
9782290078594
n° 180 – 2 €

La Princesse de Babylone
9782290344354
n° 356 – 2 €

GOEURY M.
Les Lumières
9782290001264
n° 825 – 2 €

VISIONS POÉTIQUES DU MONDE

APOLLINAIRE G.
Alcools
9782290003404
n° 1094 – 2 €

BAUDELAIRE C.
NE **Les Fleurs du mal**
9782290115077
n° 48 – 2 €

Le Spleen de Paris
9782290340868
n° 179 – 2 €

Les Paradis artificiels
9782290351475
n° 212 – 2 €

MARPEAU E.
Carpe diem
9782290354827
n° 882 – 2 €

RIMBAUD A.
Le Bateau ivre et autres poèmes
9782290058756
n° 18 – 2 €

Les Illuminations suivi d'**Une saison en Enfer**
9782290087732
n° 385 – 2 €

VARGAFTIG B.
La Poésie des Romantiques
9782290339107
n° 262 – 2 €

VERLAINE P.
Poèmes érotiques
9782290082768
n° 257 – 2 €

Poèmes saturniens
9782290343371
n° 62 – 2 €

Romances sans paroles suivi de **Sagesse**
9782290058749
n° 187 – 2 €

AGIR DANS LA CITÉ : INDIVIDU ET POUVOIR

GUÉNO J.-P.
Paroles de Poilus
9782290038611
n° 245 – 3 €

GARY R.
Un humaniste et autres nouvelles à chute
9782290098226
n° 1128 – 3 € ★

GIRAUDOUX J.
La guerre de Troie n'aura pas lieu
9782290089033
n° 1145 – 2 € ★

GENEVOIX M.
Ceux de 14 – Les Éparges
9782290099087
n° 1130 – 3 € ★

PROGRÈS ET RÊVES SCIENTIFIQUES

ABBOTT E. A.
Flatland
9782290054093
n° 1066 – 3 €

BARJAVEL R.
NE **Béni soit l'atome**
9782290115121
n° 261 – 3 €

LOVECRAFT H. P.
NE **Polaris et autres nouvelles**
9782290038604
n° 1014 – 2 €

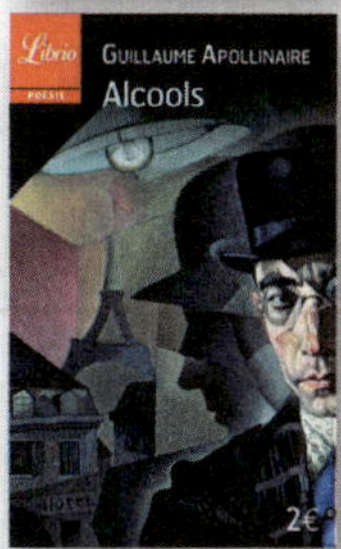

Et aussi… d'autres Librio à découvrir ou à relire !

APOLLINAIRE G.
Les Onze Mille Verges
9782290350140
n° 737 – 2 €

BACH R.
Jonathan Livingston le goéland
9782290334676
n° 2 – 2 €

BERBEROVA N.
L'Accompagnatrice
9782290339848
n° 198 – 2 €

BERNARDIN DE SAINT-PIERRE
NE **Paul et Virginie**
9782290118658
n° 65 – 2 €

BIERCE A.
Le Dictionnaire du diable
9782290353158
n° 787 – 2 €

BRASSENS G.
La Tour des miracles
9782290021699
n° 952 – 3 €

CAZOTTE J.
Le Diable amoureux
9782290349205
n° 20 – 2 €

CHATEAUBRIAND (DE) F.-R.
Atala suivi de **René**
9782290078402
n° 1099 – 2 €

COLETTE
La Fin de Chéri
9782290017982
n° 15 – 2 €

Le Blé en herbe
9782290334737
n° 7 – 2 €

Contes des mille et un matins
9782290058909
n° 1062 – 2 €

L'Entrave
9782290058718
n° 44 – 2 €

COLLECTIF
La Dimension humoristique
9782290003398
n° 850 – 2 €

COLLECTIF
Êtres père, disent-ils
9782290027172
n° 972 – 3 €

COLLECTIF
Les Enfants de la Balle
9782290031834
n° 996 – 2 €

CONRAD J.
Typhon
9782290346631
n° 718 – 2 €

CONSTANT B.
Adolphe
9782290334607
n° 489 – 2 €

DAUDET A.
Sapho
9782290058701
n° 86 – 2 €

DELERM P.
L'Envol
9782290011539
n° 280 – 2 €

DOSTOÏEVSKI F.
Le Joueur
9782290337080
n° 155 – 2 €

DUMAS A.
La Femme au collier de velours
9782290351512
n° 58 – 2 €

FRAIN I.
Je vous aime
9782290083185
n° 575 – 2 €

GAUTIER T.
La Morte amoureuse
9782290334720
n° 263 – 2 €

GOETHE J.-W.
Faust
9782290343111
n° 82 – 2 €

GOGOL N.
Le Nez
9782290015537
n° 691 – 2 €

Le Journal d'un fou
9782290339817
n° 120 – 2 €

HOBB R.
Retour au pays
9782290009536
n° 885 – 2 €

JAMES H.
Maud-Évelyn
9782290058565
n° 1061 – 2 €

Le Tour d'écrou
9782290334836
n° 200 – 2 €

JAURÈS J.
Les Plus Beaux Discours
9782290078471
n° 1095 – 3 €

KAFKA F.
La Métamorphose
9782290335338
n° 3 – 2 €

KING S.
Le Singe
9782290334560
n° 4 – 2 €

LAFAYETTE (MME DE)
La Princesse de Clèves
9782290336663
n° 57 – 2 €

La Princesse de Montpensier
9782290055540
n° 1040 – 2 €

LOUŸS P.
La Femme et le Pantin
9782290058725
n° 40 – 2 €

MORAVIA A.
Le Mépris
9782290335062
n° 87 – 3 €

NERVAL (DE) G.
Aurélia
9782290335246
n° 23 – 2 €

Sylvie
suivi de
Les Chimères
et d'**Odelettes**
9782290352021
n° 436 – 2 €

POUCHKINE A.
La Dame de pique
9782290339558
n° 74 – 2 €

La Fille du capitaine
9782290340820
n° 24 – 2 €

PRÉVOST (ABBÉ)
Manon Lescaut
9782290336229
n° 94 – 2 €

PROUST M.
La Confession d'une jeune fille
9782290321256
n° 542 – 2 €

Sur la lecture
9782290058787
n° 375 – 2 €

QUEFFELEC Y.
Vert cruel
9782290019061
n° 939 – 2 €

RADIGUET R.
Le Bal du comte d'Orgel
9782290058800
n° 156 – 2 €

Le Diable au corps
9782290339626
n° 8 – 2 €

RENARD J.
Histoires naturelles
9782290342930
n° 134 – 2 €

SADE (DE) D.
Les Infortunes de la vertu
9782290341520
n° 172 – 2 €

SAND G.
La Mare au diable
9782290336960
n° 78 – 2 €

TCHEKHOV A.
Histoire de rire
et autres nouvelles
9782290341025
n° 698 – 2 €

TOURGUENIEV I.
NE **Premier amour**
9782290118665
n° 17 – 2 €

TROYAT H.
La Neige en deuil
9782290348451
n° 6 – 2 €

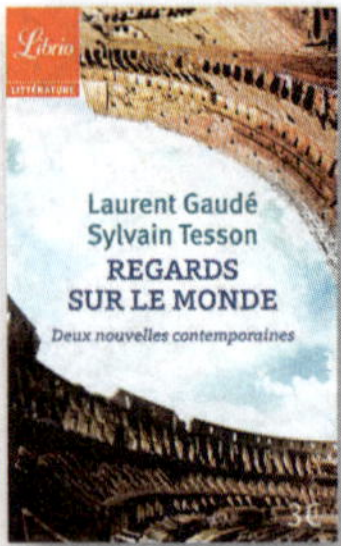

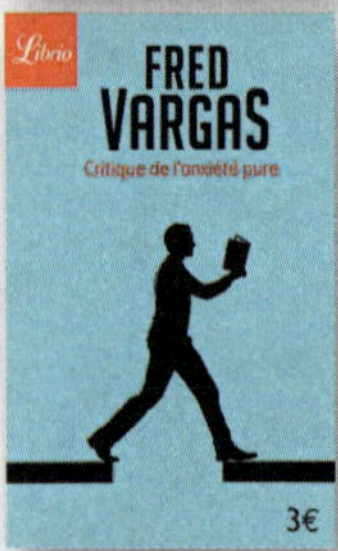

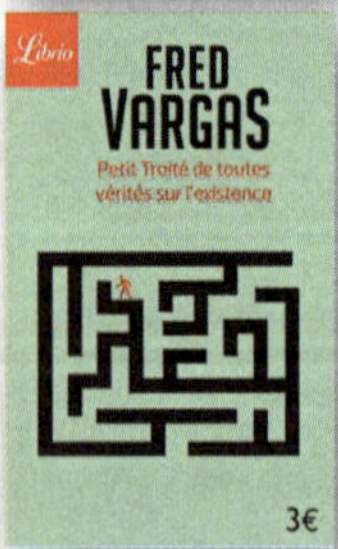

Viou
9782290339145
n° 284 – 2 €

TRUFFAUT F.
L'Homme qui aimait les femmes
9782290094365
n° 655 – 3 €

TOLSTOI L.
La Mort d'Ivan Ilitch
9782290348147
n° 287 – 2 €

LITTÉRATURE CONTEMPORAINE

ALLEN W.
Dentiste mystérieux à Manhattan
9782290014738
n° 914 – 2 €

Le Chantier infernal
9782290011553
n° 884 – 2 €

BANKS R.
L'Ange sur le toit
9782290355770
n° 827 – 2 €

DESPENTES V.
Mordre au travers
9782290011546
n° 308 – 2 €

GAUDÉ L.
TESSON S.
N **Regards sur le monde**
Deux nouvelles contemporaines
9782290101735
n° 1144 – 3 € ★

VALDÈS Z.
Trafiquant d'ivoire
9782290321454
n° 548 – 2 €

VARGAS F.
Critique de l'anxiété pure
9782290073032
n° 958 – 3 €

Petit traité de toutes vérités sur l'existence
9782290073049
n° 586 – 3 €

« Privé de son Guide du Routard habituel, le touriste français ordinaire risque, il faut le reconnaître, d'éprouver rapidement à Lanzarote tous les signes d'un solide ennui. »

Lanzarote et autres textes
9782290108802
n° 519 – 3 €

La Poursuite du bonheur
9782290108772
n° 354 – 3 €

Rester vivant
9782290108765
n° 274 – 3 €

Et aussi… Librio

Auteur de plusieurs romans et recueils de poésie, Michel Houellebecq s'est imposé comme l'un des plus grands écrivains français contemporains, lus et salué dans le monde entier. Découvrez trois Librio emblématiques de son œuvre.

« On fait sa vie. Il faut vouloir sa vie. La volonté d'aimer, de vivre est un arbre naturel. »

L'Autre
9782290346907
n° 203 – 2 €

L'Enfant multiple
9782290340509
n° 107 – 2 €

Le Sixième Jour
9782290337370
n° 47 – 2 €

L'Artiste
et autres nouvelles
9782290339565
n° 281 – 2 €

Née au Caire, Andrée Chedid s'installe à Paris en 1946. Elle est l'auteur d'une œuvre riche de poèmes, pièces de théâtres et romans appréciés et salués dans le monde entier.

THÉÂTRE

BEAUMARCHAIS (DE) P.-A. C.

Le Barbier de Séville
9782290341766
n° 139 – 2 €

Le Mariage de Figaro
9782290054154
n° 464 – 2 €

COCTEAU J.

Orphée
9782290339619
n° 75 – 2 €

EURIPIDE

Médée suivi de **Les Troyennes**
9782290318621
n° 527 – 2 €

JARRY A.

Ubu roi
9782290076279
n° 377 – 2 €

LABICHE E.

Le Voyage de Monsieur Perrichon
9782290334591
n° 270 – 2 €

ROSTAND E.

Cyrano de Bergerac
9782290075845
n° 116 – 2 €

SHAKESPEARE W.

NE **Roméo et Juliette**
9782290125328
n° 9 – 2 €

Hamlet
9782290335291
n° 54 – 2 €

Macbeth
9782290339138
178 – 2 €

Richard III
9782290339084
n° 478 – 2 €

Le Songe d'une nuit d'été
9782290003954
n° 841 – 2 €

Othello
9782290338889
n° 108 – 2 €

NE **Le Roi Lear**
9782290125335
n° 351 – 2 €

SOPHOCLE

Œdipe roi
9782290075852
n° 30 – 2 €

Antigone
9782290346853
n° 692 – 2 €

POÉSIE

BRASSENS G.
Les Couleurs vagues
9782290021705
n° 953 – 3 €

BRUNEL H.
Les Haïkus
9782290354834
n° 817 – 2 €

CHEDID A.
Au cœur du cœur
9782290075883
n° 951 – 2 €

LA FONTAINE (DE) J.
Contes libertins
9782290082775
n° 622 – 2 €

RILKE R. M.
Lettres à un jeune poète
9782290078419
n° 1113 – 2 €

LES SÉLECTIONS

Le Guide des 100 polars incoutournables
Amalric H.
9782290009192
n° 871 – 3 €

100 romans contemporains préférés des lycéens
Collectif
9782290019054
n° 941 – 3 €

La Bibliothèque idéale des amoureux
Ducrocq A.
9782290029756
n° 995 – 3 €

100 Chefs d'œuvre incontournables de l'imaginaire
Holstein É. / Vincent J. / Eliroff T.
9782290015865
n° 909 – 3 €

100 héros de la littérature
Fruchon-Toussaint C.
9782290015315
n° 919 – 3 €

Le Guide des 100 romans cultes des ados
Jeffries-Britten J.
9782290015049
n° 908 – 3 €

100 films incontournables
Le Roy Poncet E.
9782290023174
n° 957 – 3 €

100 poèmes incontournables
Poivre d'Arvor P.
9782290026816
n° 982 – 3 €

100 livres les plus drôles
Prolongeau H.
9782290023723
n° 959 – 3 €

Dictionnaire de citations
Vaneigem R.
9782290003350
n° 820 – 2 €

Le Guide des 100 premières phrases incontournables
Vavasseur P.
9782290013533
n° 903 – 3 €

100 histoires drôles incontournables
Vavasseur P.
9782290021668
n° 960 – 3 €

Le Guide des 100 romans incontournables
Vavasseur P.
9782290009901
n° 870 – 3 €

100 romans d'amour incontournables
Vebret J.
9782290019207
n° 942 – 3 €

100 romans érotiques incontournables
Vebret J.
9782290019238
n° 943 – 3 €

Anthologie érotique
Vebret J.
9782290014967
n° 926 – 2 €

« Ils seraient perdus si on savait qu'ils cachent un Juif humaniste dans leur cave depuis des années. »

Un humaniste et autres nouvelles à chute
Gary R.
9782290098226
n° 1128 – 3 € ★

Ceux de 14 – Les Éparges
Genevoy M.
9782290099087
n° 1130 – 3 € ★

Regards sur le monde
Gaudé L.
Tesson S.
9782290101735
n° 1144 – 3 € ★

Enfances, Adolescences
Collectif
9782290101667
n° 1131 – 3 € ★

Et aussi... Librio

Des récits surprenants, savamment construits sur l'art du rebondissement et de la chute : découvrez une sélection de pépites disponibles uniquement en Librio !

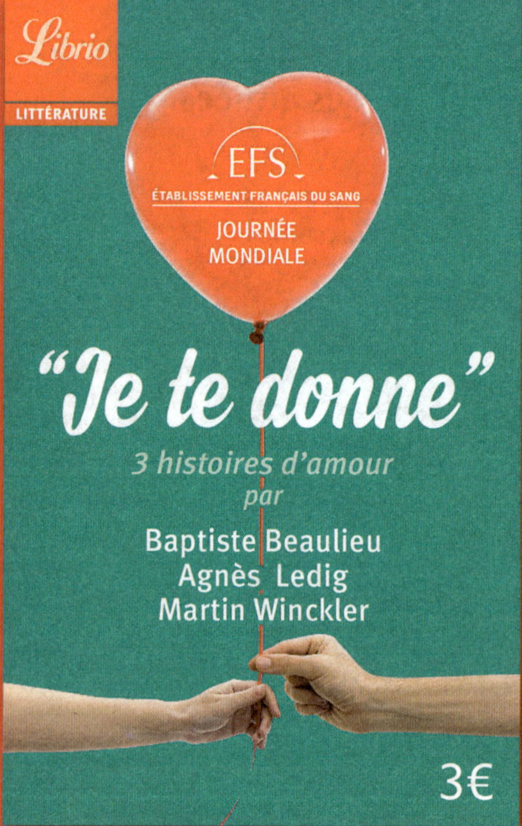

Et aussi... Librio

LEDIG A., WINCKLER M., BEAULIEU B.
Je te donne
97822908219
n° 1148 – 3 €

Novembre 2015, Gaëlle rencontre Julien qui semble bien pâle. Assis à la même table, ils se font rire, se sourient. Pourquoi sont-ils là ? Quel terrible événement a bouleversé leur existence ?

Été 2015. L'histoire d'une jeune Américaine, Rebecca Townsend, 17 ans, fait le tour du monde via le Web puis la presse. À la suite de son décès accidentel, un incroyable mouvement de don et de solidarité voit le jour. Une bouleversante histoire d'amitié et d'espoir.

Rachel a 77 ans. Pour la dernière fois, elle quitte le centre où, pour la cent-soixante-dix-septième fois, elle a donné son sang. Le moment est venu de passer le flambeau à sa petite-nièce.

Certaines choses n'ont pas de prix. Donner son sang en est une. Pour la première fois, 3 auteurs majeurs se mobilisent, en partenariat avec l'Etablissement français du sang.

► Complément au cours

- ► Documents
- ► Philosophie
- ► Idées
- ► Spiritualité
- ► Mémo
- ► Loisirs

HISTOIRE

MADELINE P.
PHILIPPE J.-M
Paroles de paysans.
9782290095355
n° 1121 – 3 €

PROST A.
Les Français à la veille de la Guerre
9782290101681
n° 1151 – 3 €

LOISEAU L.
BÉNECH G.
Carnets de Verdun
9782290087725
n° 766 – 3 €

BISCARAT P.-J.
D'Izieu à Auschwitz
9782290074411
n° 1082 – 3 €

KLARSFELD S.
Le Combat d'une vie
9782290101674
n° 1142 – 3 €

PETERSEN L.
Les Oubliées
9782290027165
n° 983 – 3 €

COLLECTIF
La Guerre d'Algérie 1954-1962
9782290335697
n° 608 – 3 €

STORA B.
Mémoires d'Algérie
9782290078600
n° 1125 – 3 €

COLLECTIF
Cher pays de mon enfance, paroles de déracinés
9782290348734
n° 726 – 3 €

Israël – Palestine
9782290334843
n° 546 – 3 €

CHABOUD J.
La Franc-maçonnerie
9782290078617
n° 660 – 3 €

N

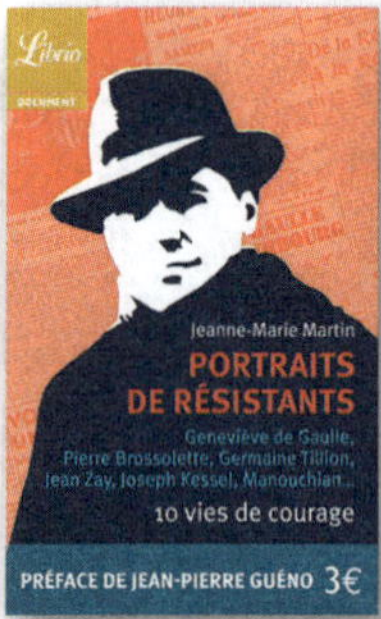

JEANNE-MARIE MARTIN
Portraits de résistants
9782290054314
n° 1133 – 5 €

Ils ont été le bras armé de la Résistance intérieure et l'honneur de la nation. Découvrez le portrait de ces dix figures de la Résistance, à lire comme de véritables récits d'aventures.

HISTOIRE DES RELIGIONS

AMIR M. / LORY M. / ALI P.
Petite histoire de l'islam
9782290002414
n° 844 – 3 €

CHEBEL M.
L'Islam, de chair et de sang
9782290054284
n° 1047 – 3 €

HALTER M.
L'Odyssée du peuple juif
9782290053522
n° 1034 – 5 €

ATTIAS J.-C. BENBASSA E.
Petite histoire du judaïsme
9782290002407
n° 843 – 3 €

ROBERT J.-N.
Petite histoire du bouddhisme
9782290002254
n° 857 – 3 €

BEAUBEROT J.
Petite histoire du christianisme
9782290006832
n° 858 – 3 €

DUCROCQ A.
La Société vue par les religions
9782290000090
n° 801 – 3 €

SERGENT B.
La Fin du monde
9782290053980
n° 1036 – 3 €

ERBA S.
Une France pluriculturelle
9782290000335
n° 799 – 2 €

BIOGRAPHIES

ANCEAU É.
Napoléon (1769-1821)
9782290337301
n° 669– 3 €

BOUILLET C.
Gandhi
9782290002575
n° 829– 3 €

MOISY C.
John F. Kennedy (1917-1963)
9782290079362
n° 607– 3 €

« Je t'écris ces lignes, peut-être les dernières, quelques heures avant de monter à l'assaut... »

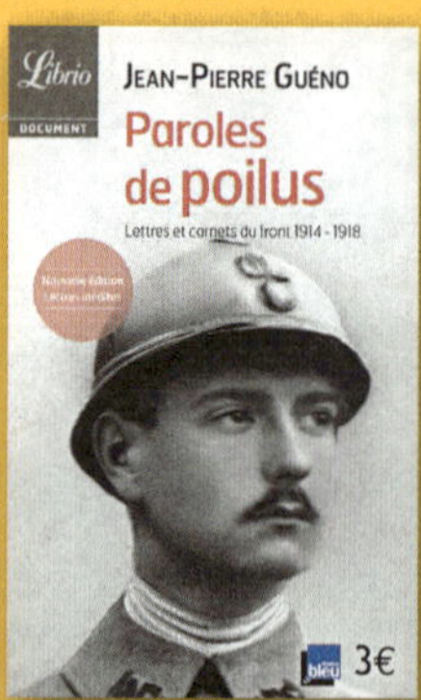

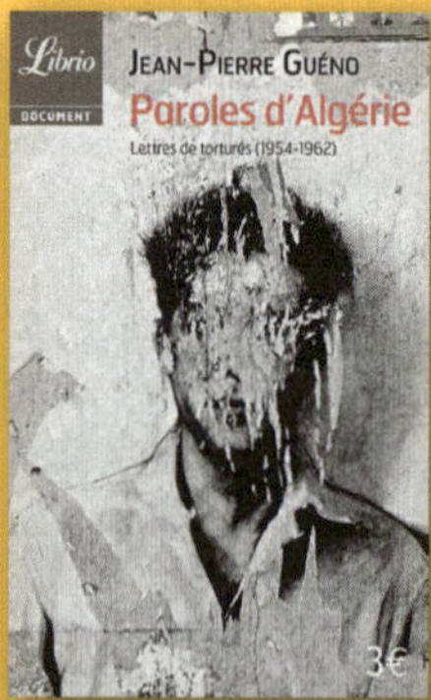

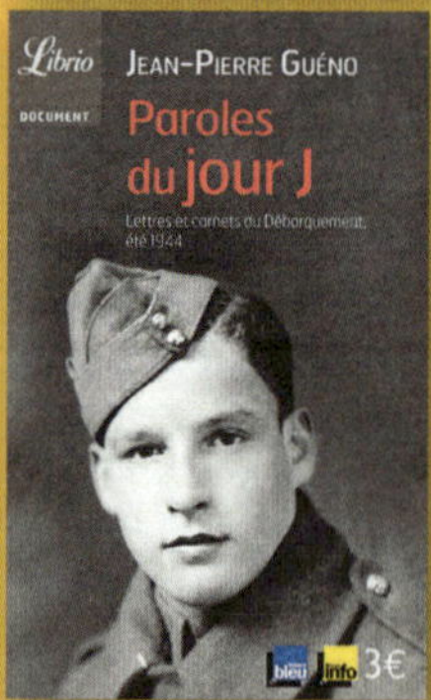

Une sélection de témoignages historiques pour revivre les grands moments de l'histoire récente.

JEAN-PIERRE GUÉNO

Les Poilus
9782290074633
n° 1083 – 3 € ★

Coffret « Paroles de »
9782290057377
15 €

Paroles de Poilus
9782290038611
n° 245 – 3 €

Paroles d'Algérie
9782290058640
n° 1079 – 3 €

Paroles d'étoiles
9782290038628
n° 549 – 3 €

Paroles du jour J
9782290038635
n° 634 – 3 €

Paroles de détenus
9782290054291
n° 409 – 3 €

Mon papa en guerre
1914-1918
9782290056691
n° 654 – 3 €

Mémoires de maîtres, paroles d'élèves
9782290056646
n° 492 – 3 €

Paroles de l'ombre
9782290056677
n° 925 – 3 €

Lili Marleen
9782290056240
n° 1048 – 3 €

Paroles d'amour
Collectif
9782290354544
n° 788 – 3 €

Paroles de femmes
Collectif
9782290004067
n° 848 – 3 €

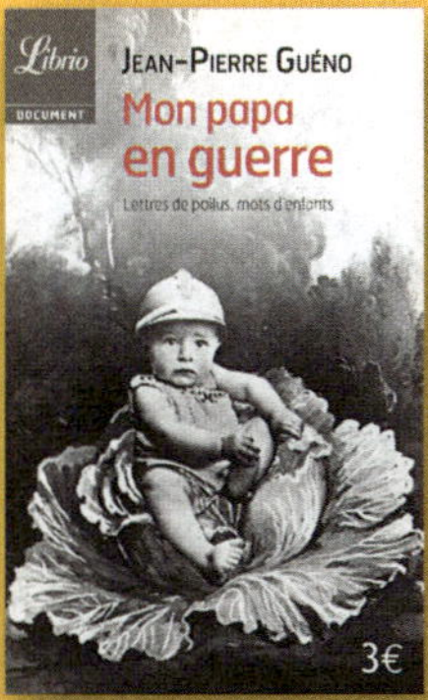

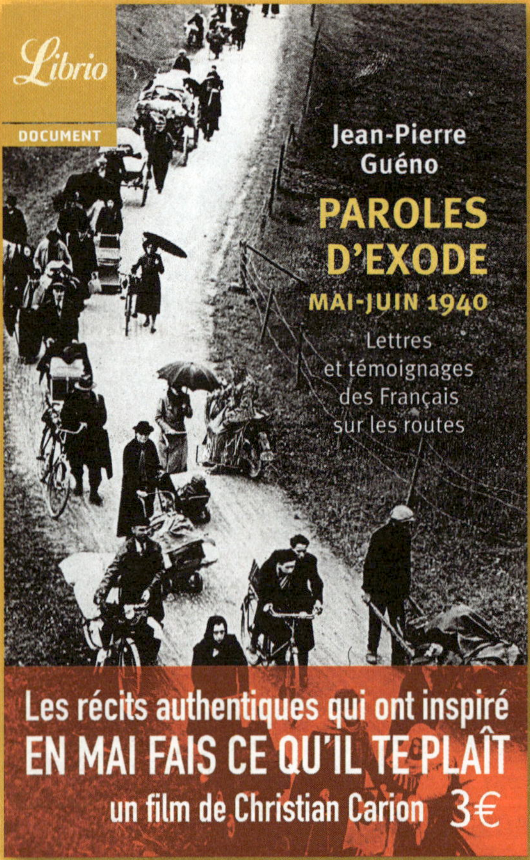

JEAN-PIERRE GUÉNO
Paroles d'exode, mai-juin 1940
9782290101698
n° 1152 – 3 €

« En mai 1940, les armées allemandes envahissent la France par le Nord. Dans les villages, c'est la panique. Que faire ? Pendant de longues semaines, des dizaines de milliers de Français déferlent sur les routes de France. Ce printemps très particulier et mal connu est un épisode singulier de la Seconde Guerre mondiale. »

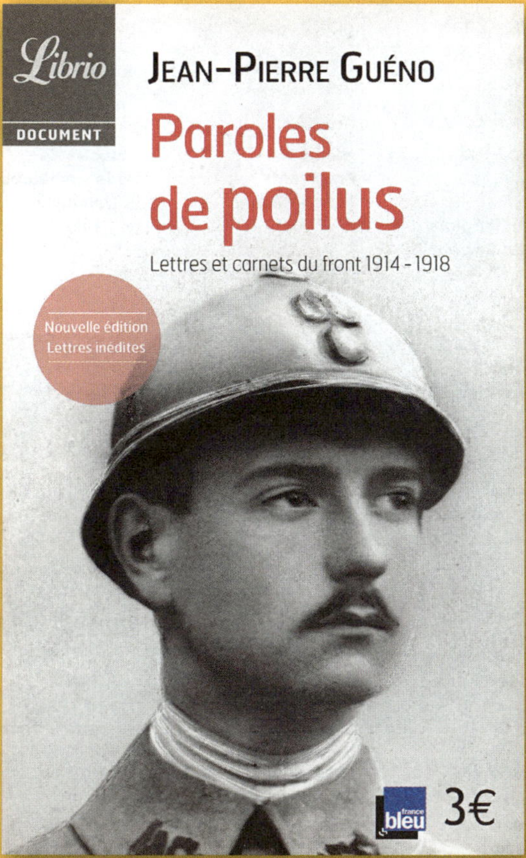

JEAN-PIERRE GUÉNO
Paroles de Poilus
9782290038611
n° 245 – 3 €

« Ils avaient 17 ou 25 ans et étaient palefreniers, boulangers, colporteurs, ouvriers ou bourgeois. Ils devinrent soudainement artilleurs, fantassins, brancardiers... Huit mille personnes ont répondu à l'appel de Radio France visant à collecter les lettres, jusqu'ici éparpillées, de ces poilus. Cet ouvrage en présente une centaine. Des mots écrits dans la boue, déchirants, qui devraient inciter les générations futures au devoir de mémoire, au devoir de vigilance comme au devoir d'humanité... »

LES TEXTES

ARRIEN
Manuel d'Épictète
suivi des **Entretiens**
9782290082751
n° 1097 – 2 €

DESCARTES R.
Discours
de la méthode
9782290075319
n° 299 – 2 €

ÉPICURE
Lettres et maximes
9782290339152
n° 363 – 2 €

GIBRAN K.
La Voix
de l'éternelle
sagesse
9782290354605
n° 794 – 2 €

LA BOÉTIE
Discours
de la servitude
volontaire
9782290075296
n° 1084 – 2 €

MACHIAVEL N.
Le Prince
9782290343128
n° 163 – 2 €

MARC AURÈLE
Pensées
9782290058961
n° 1078 – 2 €

MORE T.
L'Utopie
9782290075463
n° 317 – 2 €

NIETZSCHE F.
Fragments
et aphorismes
9782290332320
n° 616 – 2 €

OVIDE
L'Art d'aimer
9782290351338
n° 11 – 2 €

PIGEARD DE GURBERT G.
Si la philosophie
m'était contée
9782290345375
n° 403 – 3 €

PLATON
Le Banquet
9782290075333
n° 76 – 2 €

Apologie
de Socrate
suivi du **Criton**
et de l'**Euthyphron**
9782290075302
n° 635 – 2 €

Gorgias
9782290058657
n° 1075 – 2 €

ROUSSEAU J.-J.
Du contrat
social
9782290075272
n° 1085 – 2 €

Discours
sur l'origine
et les fondements
de l'inégalité
parmi les hommes
9782290075326
n° 340 – 2 €

SÉNÈQUE
De la vie heureuse
et tranquille
de l'âme
9782290344224
n° 678 – 2 €

VOLTAIRE
Traité
sur la tolérance
9782290075289
n° 1086 – 2 €

Redécouvert
par le grand public
après les attentats
de janvier 2015,
ce traité publié en 1793
est un vibrant appel
à la tolérance
et à la liberté de penser.

ARTHUR SCHOPENHAUER
NE **L'Art d'avoir toujours raison** suivi de **la lecture et les livres**
9782290125397
n° 1076 – 2 €

Vous avez tort mais refusez de l'admettre ? Avec perspicacité et humour, ce petit précis recense et analyse les stratagèmes pour sortir vainqueur de tout débat, dispute ou joute verbale.

« Il n’y a pas de forteresses imprenables, il n’y a que des mauvais attaquants. »

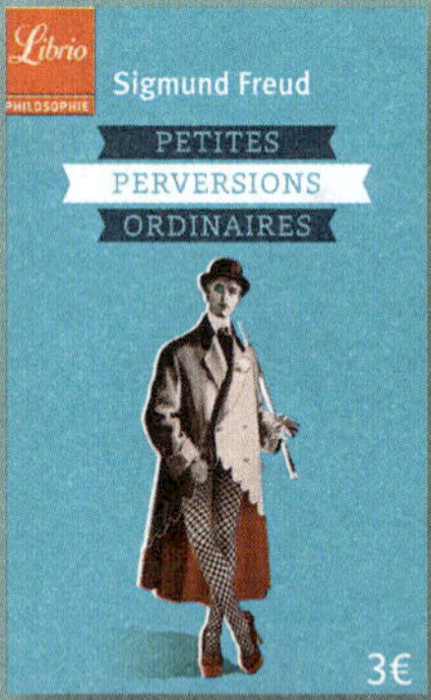

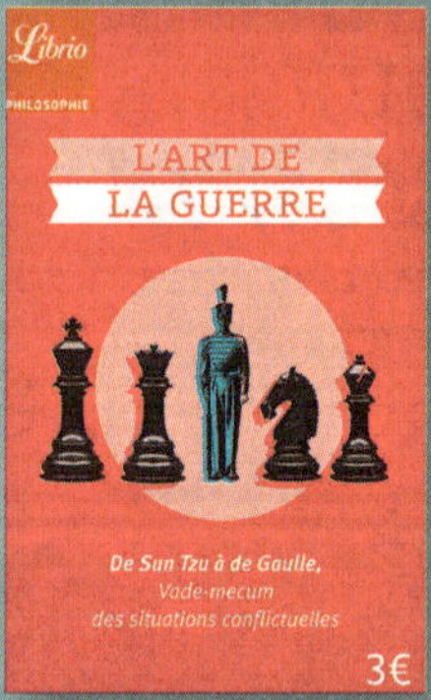

Une anthologie jubilatoire des meilleures stratégies, ruses et manipulations ; une exploration coquine des arcanes du désir et de la perversion ; un best-of des techniques d’auteurs classiques pour avoir raison ; un manuel pour combattre l’ennui conjugal.

L'Art de persuader d'Aristote à Beigbeder
9782290078570
n° 1108 – 3 €

FREUD S.
Petites perversions ordinaires
9782290078587
n° 1134 – 3 €

SAINT AUGUSTIN
Sur le mensonge
9782290058633
n° 1074 – 2 €

BARON D'HOLBACH
Essai sur l'art de ramper à l'usage des courtisans et autres conseils des classiques pour survivre en politique
9782290082744
n° 1096 – 2 €

L'Art de la guerre de Sun Tzu à de Gaulle
9782290058947
n° 1135 – 3 €

RÉTIF DE LA BRETONNE N.
Nouveau moyen pour bannir l'ennui des ménages
9782290093016
n° 1124 – 3 €

THOREAU H.-D.
Ⓝ **La Désobéissance civile** suivi de **La Vie sans principe**
9782290120583
n° 1171 – 3 €

Ⓝ **Walden ou la vie dans les bois**
9782290120552
n° 1149 – 3 €

SCHOPENHAUER A.
Ⓝ **Comment être heureux**
9782290120590
n° 1166 – 3 €

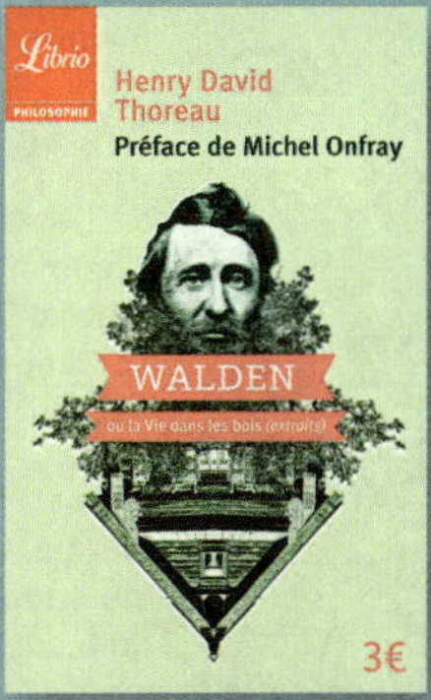

Une nouvelle façon de lire les classiques !

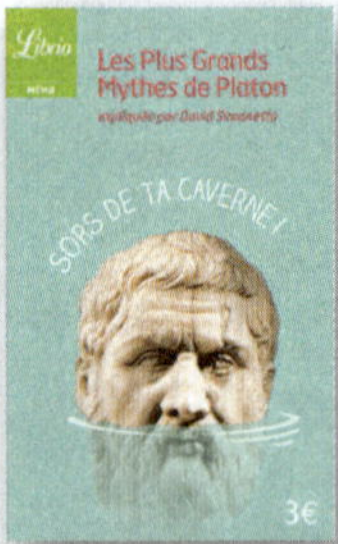

LES OUTILS

PLATON

Les Plus Grands Mythes de Platon
9782290086766
n° 1117 – 3 €

PÉPIN C.

Comment réussir son bac philo?
9782290037188
n° 1006 – 3 €

Les Dix Philosophes incontournables du bac philo
9782290039281
n° 1019 – 3 €

Les Copies idéales du bac philo
9782290037164
n° 1005 – 3 €

VERSELLE C.

Le Dico de la philo
9782290354025
n° 767 – 3 €

LES CONTEMPORAINS

COLLECTIF

NE **La Bible des Anars**
9782290118696
n° 812 – 3 €

COMTE-SPONVILLE A.

Le Bonheur, déséspérément
9782290334515
n° 513 – 2 €

COLLECTIF
Dans quel monde voulons-nous vivre ?
9782290101766
n° 1158 – 3 €

Société, environnement, économie, éducation : quels chemins sommes-nous en train de choisir pour construire l'avenir ? Les réflexions de 25 acteurs d'aujourd'hui, de la philosophe Cynthia Fleury au banquier des pauvres Muhammad Yunus, en passant par Richard Branson, Joseph Stiglitz, Pierre Rabhi, Edgar Morin, expliquant pourquoi et comment il est indispensable que chacun d'entre nous s'engage. Oui, il est urgent d'agir, et oui, nous pouvons agir.

AUTAIN C.
Ne me libère pas, je m'en charge
9782290054055
n° 1067 – 3 €

BEIGBEDER C.
Ⓝ **Merci, patrons !**
9782290101759
n° 1153 – 3 €

COLLECTIF
Ⓝ **8 500 000**
9782290101827
n° 1167 – 3 €

COLLECTIF
Le Programme du Front de Gauche
9782290040645
n° 1020 – 2 €

COLLECTIF
Soyez insatiables, soyez fous
9782290094341
n° 1132 – 3 €

FORCE OUVRIÈRE
Il faut sauver le service public
9782290075920
n° 1088 – 3 €

ENGELS F. ET MARX K.
Manifeste du Parti communiste
9782290340967
n° 210 – 3 €

GELUCK P.
Ⓝ **Peut-on rire de tout ?**
9782290098073
n° 1154 – 3 €

LA GAUCHE FORTE
Le Guide anti FN
9782290083819
n° 1112 – 3 €

NOIVILLE F.
J'ai fait HEC et je m'en excuse
9782290054239
n° 1052 – 3 €

ONFRAY M.
Rendre la raison populaire
9782290054017
n° 1043 – 3 €

Abrégé hédoniste
9782290054116
n° 1051 – 3 €

REPORTERS SANS FRONTIÈRES
Classement mondial de la liberté de la presse 2014
9782290078389
n° 1093 – 3 €

ROCARD M.
Comment la France se réconcilie avec l'excellence
9782290089071
n° 1116 – 3 €

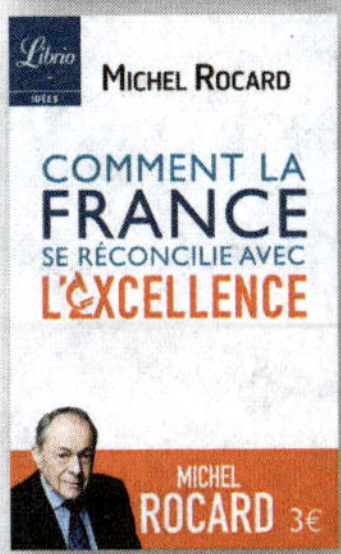

CHARB
Petit traité d'intolérance
9782290054109
n° 1050 – 3 €

« Dessins d'enfants au bureau, tongs, verres mal rincés, lunettes branchées... Tous ces détails de la vie quotidienne hérissent Charb, qui distribue allègrement ses propres fatwas. 50 chroniques acides et savoureuses. »

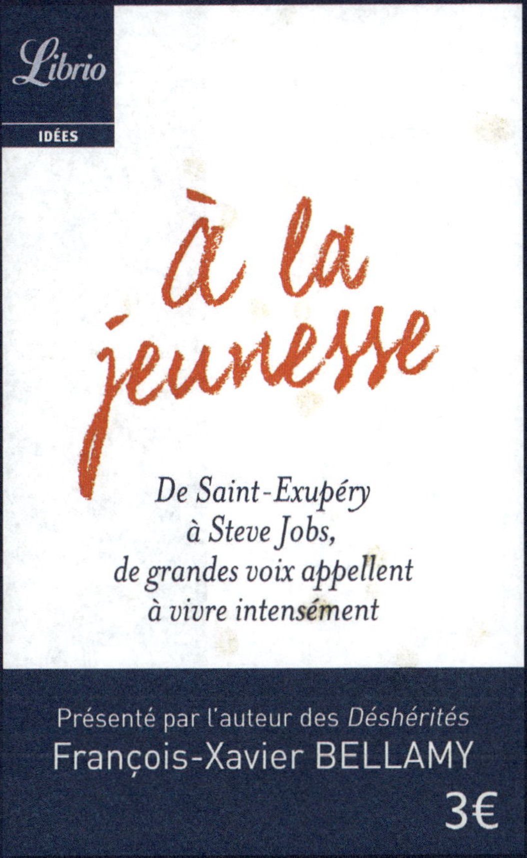

FRANÇOIS-XAVIER BELLAMY
Ⓝ **À la jeunesse – De Saint Exupéry à Steve Jobs, de grandes voix appellent à vivre intensément**
9782290120613
n° 1168 – 3 €

« De conseils bienveillants en anecdotes, de grandes figures morales s'adressent aux jeunes, à des moments de crise. Vigoureuses, émouvantes, leurs paroles sont un vibrant appel au courage et une admirable transmission de la passion pour la vie. »

ÉGLANTINE ÉMÉYÉ
Ⓝ Autisme : ce sont les familles qui en parlent le mieux
9782290120538
n° 1150 – 3 €

« Aujourd'hui, dans notre pays, 600 000 enfants sont diagnostiqués autistes. Parmi eux, seulement 75 000 sont pris en charge, et seulement 20 % le seraient dans des conditions adaptées. À force de rêver d'un “mode d'emploi” qui les accompagnerait dans ce parcours du combattant, ces familles ont décidé de le réaliser. »

BRIÈRE Y.
Le Livre de la sagesse
9782290339299
n° 327 – 2 €

Le Livre de la paix intérieure
9782290336786
n° 505 – 2 €

BRUNEL H.
Le Moustique
9782290344248
n° 679 – 2 €

Nouveaux contes zen
9782290337431
n° 579 – 2 €

Contes zen
9782290334508
n° 503 – 2 €

COLLECTIF
Grand Librio 7 péchés capitaux
9782290015414
n° 916 – 7 €

DESJARDIN A.
Premiers pas vers la sagesse
9782290340769
n° 661 – 2 €

GIBRAN K.
Le Prophète
9782290335413
n° 185 – 2 €

HIDJA NASR E.
La Soupe au piment
9782290011454
n° 915 – 3 €

NABERT N.
Les Plus Belles Prières de Noël
9782290053829
n° 1035 – 3 €

TARDY A.
Les Plus Beaux Textes pour célébrer une union
9782290000038
n° 810 – 2 €

VATSYAYANA
Kama Sutra
9782290337103
n° 152 – 2 €

FRANÇAIS

N **Les Plus Belles Récitations de notre enfance**
Alban M.
9782290109021
n° 1141 – 3 €

Conjugaison française
Anonyme
9782290099049
n° 470 – 3 €

Grammaire française
Baccus N.
9782290030042
n° 534 – 2 €

Orthographe française
Baccus N.
9782290030172
n° 596 – 2 €

Figures de style
Beth A.
Marpeau E.
9782290030219
n° 710 – 3 €

Une heure par semaine pour réussir au CP – Français
Blondet G.
9782290090510
n° 1123 – 3 €

Difficultés du français
Colignon J.-P.
9782290340943
n° 642 – 3 €

Grand Librio Origine des mots
Collectif
9782290029374
n° 992 – 7 €

Grand Librio Expressions françaises
Collectif
9782290002421
n° 832 – 7 €

Grand Librio Langue française
Collectif
9782290003473
n° 835 – 7 €

Le Mot juste
Jaskarzec P.
9782290030110
n° 772 – 3 €

300 proverbes et expressions hérités du latin et du grec
Klein B.
9782290088784
n° 757 – 3 €

Dictées pour progresser
Lamarre M.
9782290093047
n° 653 – 3 €

Comment réussir son bac français
Leblanc J.-N.
9782290039243
n° 1016 – 3 €

Le Français expliqué aux parents
Mattei P.
9782290029350
n° 990 – 3 €

Dictionnaire de rimes
Panerai D.
9782290344163
n° 671 – 3 €

Méthodes de lecture
Queva R.
9782290005590
n° 840 – 2 €

LATIN

Latin pour débutants
Moreau-Rouault M.
9782290030141
n° 713 – 3 €

Dico des injures oubliées
Duhamel S.
9782290054390
n° 1028 – 3 €

Vous pestez, mais avec classe ? Cette anthologie vous propose un large choix d'insultes et d'expressions insolites et désuètes. Du Moyen Âge au siècle dernier, le français populaire est ressuscité. Classées par ordre alphabétique et accompagnées d'une note retraçant leur origine, ces expressions fleuries séduiront les jureurs les plus cultivés.

LITTÉRATURE

Grand Librio Littérature française
Narteau C. / Nouailhac I.
9782290029381
n° 993 – 7 €

Littérature française Le Moyen Âge
Narteau C. / Nouailhac I.
9782290012123
n° 928 – 3 €

Littérature française Le XVIe siècle
Narteau C. / Nouailhac I.
9782290012130
n° 929 – 3 €

Littérature française Le XVIIe siècle
Narteau C. / Nouailhac I.
9782290012147
n° 930 – 3 €

Littérature française Le XVIIIe siècle
Narteau C. / Nouailhac I.
9782290012161
n° 931 – 3 €

Littérature française Le XIXe siècle
Narteau C. / Nouailhac I.
9782290012178
n° 932 – 3 €

Littérature française Le XXe siècle
Narteau C. / Nouailhac I.
9782290012185
n° 933 – 3 €

Chronologie de la littérature
Vebret J.
9782290019269
n° 936 – 3 €

Les Scandales littéraires
Julliard C.
9782290015452
n° 922 – 3 €

La Littérature africaine
Chevrier J.
9782290007990
n° 867 – 3 €

ALLEMAND

Conjugaison allemande
Athias J.
9782290035122
n° 1001 – 2 €

Grammaire allemande
Athias J.
9782290035115
n° 1000 – 2 €

Vocabulaire allemand
François É.
9782290028872
n° 988 – 3 €

ANGLAIS

Conjugaison anglaise
Bonnerot A.-M.
9782290335659
n° 558 – 2 €

Librio
Mémo

« Prêts à suivre le parcours intensif pour réussir haut la main ? Suivez le guide ! »

NE **Apprendre à apprendre**
Giordan A. / Saltet J.
9782290078563
n° 831 – 3 €

NE **Apprendre à rédiger**
Mattei P.
9782290108796
n° 1012 – 3 €

NE **Apprendre à réussir**
Giordan A. / Saltet J.
9782290108833
n° 1003 – 3 €

NE **Apprendre à réviser**
Giordan A. / Saltet J.
9782290108826
n° 1004 – 3 €

NE **Apprendre à prendre des notes**
Giordan A. / Saltet J.
9782290108819
n° 999 – 3 €

Comment ne pas rater son bac
Dufour F.
9782290002247
n° 818 – 2 €

Quelles sont les meilleures techniques de mémorisation ? Avez-vous plutôt une mémoire auditive ? Visuelle ?
Connaissez-vous le « parcours commando » pour réviser dans la dernière ligne droite ?
Écrits par des spécialistes de la pédagogique, voici 5 guides pour vous accompagner dans vos apprentissages et révisions.

Grammaire anglaise
Bonnerot A.-M.
9782290093030
n° 601 – 3 €

It's raining cats and dogs
Piat J.-B.
9782290030080
n° 874 – 3 €

Vocabulaire anglais courant
Piat J.-B.
9782290093023
n° 643 – 3 €

Le Dico du français
Piat J.-B.
9782290015438
n° 921 – 3 €

Grand Librio Anglais
Collectif
9782290002148
n° 830 – 7 €

N **L'Anglais au collège**
Bonnerot A.-M.
9782290004692
n° 1137 – 3 €

ESPAGNOL

Vocabulaire espagnol
Garcia I. / Vitali Margot A.
9782290030011
n° 842 – 3 €

Conjugaison espagnole
Eusèbe F.
9782290340356
n° 644 – 2 €

Grammaire espagnole
Jennepin M. D.
9782290346105
n° 712 – 3 €

Grand Librio Espagnol
Collectif
9782290009932
n° 879 – 7 €

ITALIEN

Conjugaison italienne
Mongiat É.
9782290014486
n° 906 – 3 €

Vocabulaire italien
Mongiat É.
9782290099032
n° 901 – 3 €

Grammaire italienne
Guezenec A. / Mazire M.
9782290014462
n° 905 – 3 €

Grand Librio Italien
Collectif
9782290015445
n° 934 – 7 €

CHINOIS

Chinois pour débutants
Bernes-Heuga M.-N.
9782290030158
n° 823 – 3 €

SCIENCES

N **Les Secrets du ciel**
Vidard M.
9782290120620
n° 1176 – 3 €

N **Petites énigmes logiques et mathématiques**
Stewart I.
9782290100769
n° 1175 – 3 €

À la recherche du boson de Higgs
Grojean L. / Vacavant C.
9782290054000
n° 1045 – 3 €

N **20 petites leçons d'astronomie**
Baker J.
9782290101810
n° 1139 – 3 €

Les Lois essentielles de la physique
Baker J.
9782290058572
n° 1065 – 3 €

NE **Formulaire de mathématiques Lycée**
Gastineau A.
9782290108789
n° 756 – 3 €

Formulaire de mathématiques Collège
Gastineau A.
9782290039267
n° 1018 – 3 €

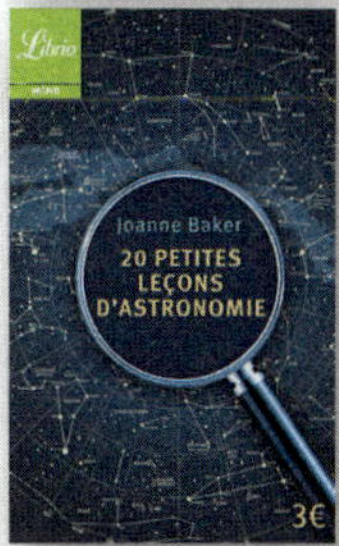

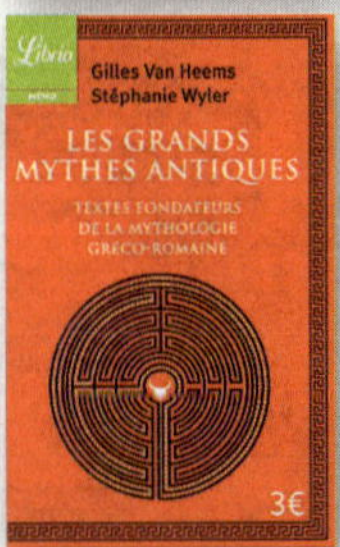

Grand Librio Mathématiques
Collectif
9782290003503
n° 836 – 7 €

Une heure par semaine pour réussir au CP Maths
Ould Elhocine M.
9782290078525
n° 1102 – 3 €

Maths pratiques, maths magiques
Bourjala A.
9782290030097
n° 763 – 3 €

Les Maths expliquées aux parents
Gastineau A.
9782290027318
n° 991 – 3 €

Questions de maths utiles
Lehning H.
9782290054062
n° 1064 – 3 €

Le Calcul Précis d'algèbre et d'arythmique
Scavennec M.
9782290030134
n° 595 – 2 €

La Géométrie
Gastineau A.
9782290352120
n° 771 – 2 €

Dico de l'économie
Brennemann P. / Vinard R.
9782290014479
n° 913 – 3 €

N

Les Secrets de la matière
Klein É.
9782290096925
n° 1138 – 3 €

De quoi est faite la matière noire ? Qu'est-ce que la relativité ? et le boson de Higgs ? Embarquez pour un voyage au cœur des notions et lois fondamentales de la physique et laissez-vous guider par l'un des meilleurs spécialistes !

MUSIQUE

Le Solfège
Ichbiah D.
9782290076606
n° 0602 – 3 €

Méthode de guitare
Carpentier T.
9782290030233
n° 702 – 3 €

HISTOIRE

NE **Dieux et héros de la mythologie grecque**
Van Heems G.
9782290078556
n° 593 – 3 €

NE **Les Grands Mythes antiques**
Van Heems G. / Wyler-de-Giorgio S.
9782290101704
n° 866 – 3 €

Le Grand Vrai / Faux de la culture
Ichbiah D.
9782290036365
n° 1002 – 3 €

Les Rois de France
Weber P.
9782290030165
n° 650 – 3 €

Les Reines de France
Weber P.
9782290352281
n° 782 – 3 €

Histoire de l'architecture
Weber P.
9782290007426
n° 888 – 3 €

Le Dico des symboles
Ruaux N.
9782290030349
n° 998 – 3 €

Les Grandes Dates de l'histoire de France
Larane A.
9782290006917
n° 873 – 3 €

Grand Librio Histoire de l'art
Collectif
9782290015421
n° 927 – 7 €

Histoire romaine
Klein B.
9782290099025
n° 720 – 3 €

Grand Librio Mythologie
Collectif
9782290009918
n° 877 – 7 €

Grand Librio Histoire mondiale
Collectif
9782290029367
n° 994 – 7 €

Dieux et pharaons de l'Égypte ancienne
Lalouette C.
9782290340349
n° 652 – 3 €

Les Expressions qui ont fait l'Histoire
Klein B.
9782290009024
n° 875 – 3 €

Les Grands Procès de l'Histoire
Labiausse K.
9782290010693
n° 894 – 3 €

Histoire de l'art et des styles
Weber P.
9782290029961
n° 714 – 3 €

Les Grandes dates du xxᵉ siècle
Larané A.
9782290054598
n° 852 – 3 €

Les Grands Inventions de l'Histoire
Labiausse K.
9782290010723
n° 887 – 3 €

Les Grandes Énigmes de l'Histoire
Labiausse K.
9782290010709
n° 895 – 3 €

Les Grands Discours de l'Histoire
Labiausse K.
9782290006801
n° 854 – 3 €

La Révolution française 1789-1799
Schiappa J.-M.
9782290343074
n° 696 – 3 €

Les Grands Noms de l'Histoire
Larane A.
9782290006795
n° 853 – 3 €

Grand Librio Histoire des religions
Collectif
9782290010617
n° 892 – 7 €

Les Grandes Batailles de l'Histoire
Labiausse K.
9782290010716
n° 896 – 3 €

Dictionnaire des personnages de la Bible
Bonfils F.
9782290349861
n° 795 – 3 €

Grand Librio xxᵉ siècle
Collectif
9782290009925
n° 878 – 7 €

Guerres et conflits du vingtième siècle
Chautard S.
9782290340882
n° 651 – 3 €

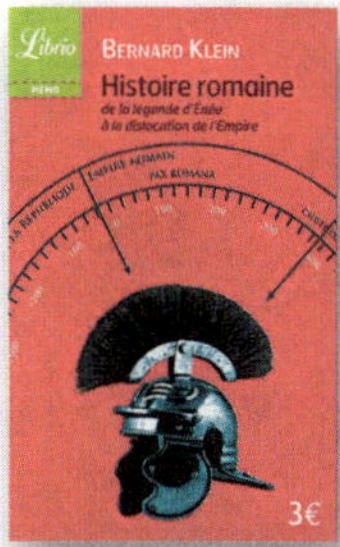

Mémo ▸ **Histoire**

**Madame Bovary
Le Procès
de Flaubert**
Vebret J.
9782290099056
n° 910 – 3 €

**Chronologie
universelle**
Larané A.
9782290029978
n° 773 – 3 €

**Histoire
de la sculpture**
Weber P.
9782290007433
n° 889 – 3 €

**Dictionnaire
du christianisme**
Mercier J.
9782290013205
n° 955 – 3 €

**Le Procès
de Boris Vian**
Vebret J.
9782290019184
n° 977 – 3 €

**Le Procès d'Oscar
Wilde**
Vebret J.
9782290019191
n° 978 – 3 €

« Ce sont les petites histoires qui font la grande histoire... »

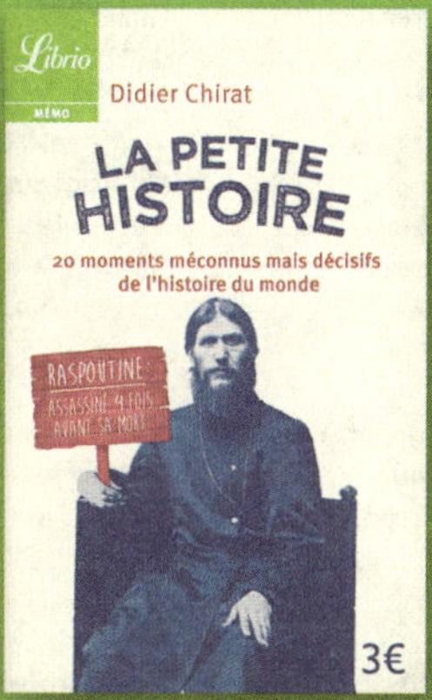

Ⓝ **La Petite Histoire de France**
9782290120606
n° 1173 – 3 €

Ⓝ **La Petite Histoire du monde**
9782290120989
n° 1174 – 3 €

Ⓝ **20 histoires pour comprendre l'économie mondiale**
9782290120545
n° 1147 – 3 €

Dans cette nouvelle série, découvrez les mille et une anecdotes insolites, savoureuses, souvent drôles et parfois émouvantes qui donnent sa saveur à l'Histoire.
Des Librio à lire, à reposer, à reprendre, à prêter, pour mieux retenir et surtout s'approprier notre histoire.

Mémo ▸ est un jeu

La Philo est un jeu
Verselle C.
9782290006849
n° 860 – 3 €

Le Théâtre est un jeu
Deshoulières C.
9782290071106
n° 880 – 3 €

L'Opéra est un jeu
Deshoulières C.
9782290054086
n° 1068 – 3 €

L'Orthographe est un jeu
Ricalens-Pourchot N.
9782290021033
n° 948 – 3 €

Les Maths sont un jeu
Gastineau A.
9782290021002
n° 945 – 3 €

L'Italien est un jeu
Bertolozzi M.
9782290013885
n° 920 – 3 €

L'Espagnol est un jeu
Favier S.
9782290007822
n° 862 – 3 €

L'Antiquité est un jeu
Klein B.
9782290023082
n° 961 – 3 €

La Science est un jeu
Quéva R.
9782290029992
n° 815 – 3 €

Le Latin est un jeu
Groud C.
9782290054079
n° 1069 – 3 €

La Logique est un jeu
Ruaux N.
9782290021842
n° 964 – 3 €

La Grammaire est un jeu
Halba È.-M.
9782290021255
n° 950 – 3 €

La Chimie est un jeu
Bender C. / Rabbe A.
9782290028797
n° 987 – 3 €

L'Histoire de France est un jeu
Dequeker-Fergon J.-M.
9782290002100
n° 813 – 3 €

Le Moyen Âge est un jeu
Glot C.
9782290021040
n° 949 – 3 €

Grand Librio La Culture est un jeu
Collectif
9782290009307
n° 881 – 7 €

La Littérature est un jeu
Kenig A.
9782290003480
n° 837 – 3 €

La Psycho est un jeu
Ciccotti S.
9782290014264
n° 904 – 3 €

Les Mots sont un jeu
Jaskarzec P.
9782290021774
n° 976 – 3 €

La Géographie est un jeu
Moriniaux V.
9782290003411
n° 833 – 3 €

La Finance est un jeu
Couppey-Soubeyran J.
Capelle-Blancard G.
9782290021811
n° 975 – 3 €

Le Corps humain est un jeu
Zavaglia D.
9782290013878
n° 918 – 3 €

L'Histoire de l'art est un jeu
Cochain B.-Y.
9782290014271
n° 917 – 3 €

Grand Librio La Langue française est un jeu
Collectif
9782290024720
n° 970 – 7 €

Mémo ▸ est un jeu

Paris est un jeu
Dequeker-Fergon J.-M.
9782290008775
n° 876 – 3 €

Le Français est un jeu
Jaskarzec P.
9782290038543
n° 672 – 3 €

L'Écologie est un jeu
Quéva R.
9782290020999
n° 944 – 3 €

La Sexualité est un jeu
Donzel M.
9782290021798
n° 965 – 3 €

La Mythologie est un jeu
Groud C.
9782290003435
n° 834 – 3 €

La Politique est un jeu
Bajac E.
9782290021804
n° 956 – 3 €

Le Bac français est un jeu
Leblanc J.-N.
9782290054581
n° 897 – 3 €

Le xxe siècle est un jeu
Billard Y.
9782290006856
n° 861 – 3 €

Le Kama Sutra est un jeu
Navie Mademoiselle
9782290047477
n° 1022 – 4 €

Je déchire au collège
Alfroy D.
Sauvan C.
9782290078518
n° 1101 – 3 €

Je déchire en stage
Petit A.
9782290101742
n° 1146 – 3 €

Je déchire au lycée
Alfroy D.
Sauvan C.
9782290094228
n° 1119 – 3 €

En 40 courts chapitres, deux professeurs s'adressent aux élèves pour les guider et les conseiller dans des situations quotidiennes. Humour et bons sens au RDV ! Peut-on utiliser Internet pour préparer un exposé ? Être nul en anglais, c'est grave ?

PRATIQUE

La Vérité sur la pilule
Rozenbaum H.
9782290073643
n° 1081 – 3 €

Le Guide du bébé
Topuz B.
9782290350188
n° 740 – 3 €

Déjouer les troubles alimentaires
Bernfeld K.
9782290005071
n° 847 – 3 €

Le Guide des premiers secours
Delaube E.
9782290007969
n° 863 – 3 €

Guide de l'automédication
Lechertier L.
Piccinni L.
9782290017654
n° 935 – 3 €

L'Œnologie est un jeu
Rudetzki D.
9782290051023
n° 1025 – 4 €

Le Savoir-vivre est un jeu
D'Angenstein G.
9782290049020
n° 1024 – 4 €

Le Bricolage est un jeu
Hamon F.
9782290054406
n° 1026 – 4 €

Méthode de dessin
Brière A.
9782290001271
n° 824 – 3 €

La Relaxation pour tous
Brunel H.
9782290342619
n° 561 – 3 €

Jeux pour la voiture
Solenn G.
9782290030882
n° 997 – 3 €

Guide de la magie
Ernest F.
9782290013199
n° 899 – 3 €

Poker
Schmidt J.
9782290003169
n° 845 – 3 €

L'Énigme du sphinx
Ichbiah D.
9782290013250
n° 902 – 3 €

Guide des retraites spirituelles
Ducrocq A.
9782290000137
n° 809 – 3 €

Guide du ciel
Quéva R.
9782290013175
n° 898 – 3 €

APARTÉ

N **Victimes du marketing**
Nicolas G.
9782290120934
n° 1177 – 3

Tu quitteras ton père et ta mère
Novarino-Pothier A.
9782290088777
n° 1114 – 3 €

Comment ne pas payer ses dettes à son banquier
Maître Serge
9782290054666
n° 1037 – 3 €

Barrez-vous ! Le Guide.
Marquardt F.
9782290082065
n° 1092 – 3 €

Comment réussir son permis de conduire sans se ruiner
Roland P.
9782290076569
n° 1087 – 3 €

Les Bons Usages d'Internet
Bréda / Hourt
9782290356036
n° 807 – 3 €

Écologuide de A à Z
Fondation Nicolas Hulot
9782290355732
n° 811 – 3 €

Guide de survie en entreprise
Viinard P.
9782290036990
n° 1011 – 3 €

Le Dico du citoyen
Bournier / Pottier
9782290000045
n° 808 – 2 €

HUMOUR

Avant j'avais une vie, maintenant j'ai des enfants
Anzel C.
9782290099001
n° 1136 – 3 €

L'Art de la drague 2.0
Bourdieu S.
9782290101773
n° 1157 – 3 €

Le Meilleur du pire des gaffes
Hillman M.
9782290101728
n° 1156 – 3 €

Le Best-of des lois les plus bizarres
Hillman M.
9782290093511
n° 1127 – 3 €

De chaque côté du lit – La vie de couple décodée par elle et lui
Anzel C.
Gonzales L.
9782290101711
n° 1155 – 3 €

Bourgs et calembourgs
Chaland P.
Hillman M.
9782290078426
n° 1126 – 3 €

Le Drôle de Dico de la musique
Savoye E.
Hillman M.
9782290078433
n° 1140 – 3 €

Les Pires Coups de pute
Anjou A.
9782290078440
n° 1100 – 3 €

Manuel de la gueule de bois
Rudder (De) O.
9782290093054
n° 232 – 3 €

Buvez à ma santé
Collectif
9782290115046
n° 722 – 3 €

N **C'est le chantier ? Gardez le sourire !**
Coleur B.
9782290121009
n° 1120 – 3

NE **La Vengeance du chat**
Geluck P.
9782290102732
n° 946 – 3 €

NE **Le Quatrième Chat**
Geluck P.
9782290102725
n° 792 – 3 €

Paroles d'étoiles
BD
Collectif
9782290015506
n° 923 – 5 €

ET EN CUISINE

Guide du vin
Bettane & Desseauve
9782290346914
n° 396 – 3 €

Couscous et tajines
Guidoum N.
9782290348796
n° 728 – 3 €

La Cuisine des fauchés
Payany E.
9782290343876
n° 684 – 3 €

Sushis, sashimis, yakitoris et compagnie
Schmidt J.
9782290348550
n° 729 – 3 €

Pâtisseries orientales
Guidoum N.
9782290354582
n° 665 – 2 €

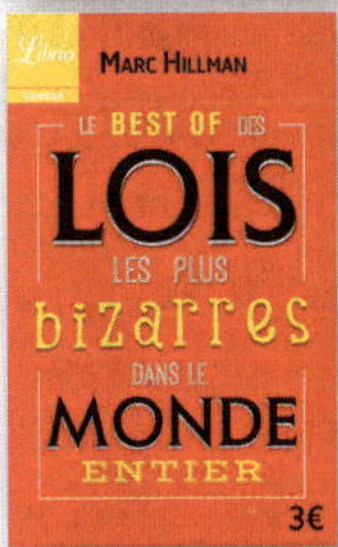

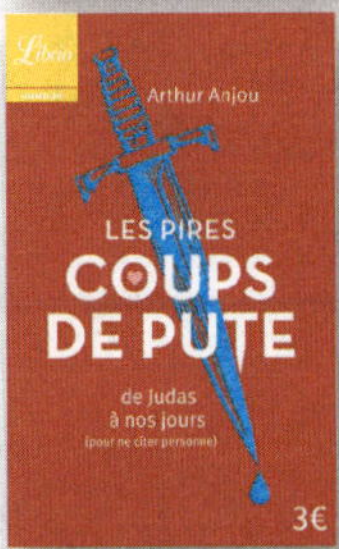

INDEX DES AUTEURS

INDEX DES TITRES

Q

R

S

T

U

V

W

X

Y

Z

① *Molière dans le rôle de César dans* La Mort de Pompée *de Pierre Corneille, huile sur toile de Nicolas Mignard (1606-1668), musée Carnavalet.*

② *Buste de François Marie Arouet Voltaire par Jean-Antoine Houdon (1741-1828), château de Versailles.*

③ *Portrait de Guy de Maupassant, huile sur toile de François Nicolas Augustin Feyen-Perrin (1826-1688), château de Versailles.*

④ *Portrait de Victor Hugo, photographié en 1884.*

⑤ *Portrait de Barack Obama, photographié en 2007.*